CW00862902

Hélène GUEGUEN-KERVAREC

ECLATS

A Anna,
une " fille du Sacré-Coeur "
Que ces mots s'envolent
vers Londres !

Hélène

A mes petits-enfants : Marion, poète en herbe, Jules, Charlotte et à ceux à venir...

« Qu'est-ce que la poésie si ce n'est pas quelque chose qui combat pour l'invisible contre le visible, pour les morts contre les vivants, pour le mystérieux contre l'évident ? La poésie prend toujours parti...

Elle combat pour l'Impossible... »

John COWPER POWYS, *Les Enchantements de Glastonbury*

Cette fois encore, me voici en prise avec les mots. Je me souviens du jour, où face à un miroir imaginaire, je traquais les mots pour me voir enfin, je me dévisageais pour mieux m'envisager. Je tentais de débusquer mon vrai visage, en quête de vie. Les mots étaient alors créateurs de sens, révélateurs d'identité.

Puis, à d'autres moments, spontanément, d'autres mots ont jailli d'une source enfouie, cachée. Mots du cœur, destinés à l'Autre, mots-alliance, mots de l'amour insérés dans l'écrin d'un poème, mots brillants, mots-diamants.

Un autre jour, les mots m'ont permis de construire mon univers, d'en fixer les remparts protecteurs. Un monde abri, un monde d'encre fait de mots-matériau, briques et mortier.

Aujourd'hui, les mots deviennent urgence. Ils me conduisent vers l'essentiel. Le sens se fait essence. Ils se veulent expression de ce qui en moi n'est pas moi, est plus que moi, et m'appelle à devenir moi. Mots secrets, mots voilés, à soulever délicatement, même si j'entends le bruit de la déchirure.

Des mots écrits pour parvenir au silence… Écrire pour mieux se taire. Enfin…

Aimer sans savoir pourquoi
Marcher sans savoir vers quoi
Vivre sans foi ni loi

La question se pose de savoir
Ce qu'il faut croire
La réponse est-elle dans le miroir

Une vie suivant son visage
Vie à laquelle on tourne les pages
Une vie, un livre d'images.

Dans le rêve, je pénètre,
ne trouvant pas d'abri
à mon désespoir infini
régnant en maître.

Pourquoi ces songes inouïs
qui naissent la nuit
et meurent le jour ?
Pourquoi sont-ils si courts ?

Pourquoi donc rêver ?
Est-ce pour vivre deux fois
ou pour tout oublier ?
Peut-être les deux à la fois.

Mais le matin au réveil,
déçue par la réalité
qui chaque jour veille,
Je maudis cette cruelle vérité.

Solitude, vide immense, où les minutes, lentes, glissent, coulent sur moi sans m'atteindre.

Le temps semble éternel
Il ne passe pas.

Tout paraît figé, le rêve, la pensée.

Ma tête n'est plus qu'une machine
en repos ou en panne.
Plus rien ne l'anime, pas un mot.

Ecrire pour ne rien dire
écrire pour ne pas souffrir
écrire pour écrire.

Mots, virgules, points,
tuez le silence,
prenez ma souffrance.

Alignés sans fin,
noircissez la page,
formez cette cage

cage où ma souffrance prisonnière
sera privée d'air,
encerclée, entourée, étouffée.

La nuit est là,
la fatigue est là
la tête sur l'oreiller,
les yeux fermés,
je pense et rêve
à ma vie, à ma nuit
toutes deux liées sans trêve
mais la lumière, le soleil
l'azur et le vermeil
cherchent leur place.
Nuit, lumière face à face
laquelle vaincra ?
Laquelle fuira ?

Femme ou enfant, que suis-je ?
Le saurais-je un jour ?
Rester enfant, être femme
être femme-enfant.
Rêves d'enfant
peines de femme
illusions d'enfant
amertume de femme.
Je ne suis ni seulement enfant
ni seulement femme.
Je suis une femme-enfant.
Souhaiter le demeurer
ou chercher à n'être qu'une femme ?
Femme, petite femme de vingt ans
mais grande enfant
enfant isolée parmi les vraies femmes.

Un chien, une fleur, un enfant
et la vie paraît belle
elle est alors un doux chant,
que n'est-il éternel ?

Minutes où tout sourit
d'autres hélas suivies
où la souffrance, le malheur
causent les pleurs.

Naissance, mort
peine, joie
chaque instant se côtoient.

Un enfant qui dort
un vieillard agonisant
refrain incessant.

La vie
on la choisit
on la subit
on la vit
mais elle est rarement
ce beau chant
que dans notre inconscient
nous fredonnons.
La vie fond
sans que l'on sache
où on marche.
Que de gestes, de mouvements
faits sans qu'on y pense.
La vie, rarement on la danse
la vie est ce qu'elle est.
Beaucoup se sont faits
à cette marche insensée
qu'est une vie gâchée.

Qui a froissé mon aile ?
Elle était large,
elle m'abritait si bien.

Qui a étouffé mon rêve ?
Il était si doux,
je m'y noyais si bien.

Qui a chassé mon nuage ?
Il était si léger,
il me portait si bien.

Qui a brisé ma vie ?
Elle était si jeune,
elle me promettait tant.

Je me veux végétal, minéral
en rupture avec les humains.
Je me veux eau, terre, feu, air,
en fusion avec les éléments.

Un regard bleu
Une tête qui se penche
Une main qui se tend
C'est toi

Un regard bleu
Une lumière qui brille
Des lèvres qui se posent
C'est toi

Un regard bleu
Un cœur qui bat
Un doux baiser
C'est toi

Un regard bleu
Une caresse tendre
Des mains, des yeux
C'est toi

Un regard bleu
Un bras qui étreint
Un sourire
C'est toi

Un regard bleu
Une main qui serre
Un murmure
C'est toi

Un amour infini
C'est moi.

Interligne 1

Un proverbe arabe dit:« Si ce que tu as à dire est moins beau que le silence, alors tais-toi. »

Je crois au silence.
C'est peut-être étrange, venant de quelqu'un qui aime les mots, qui aime s'en servir, les traque et les débusque parfois, qui cherche à les ériger en cathédrales.
C'est aussi pour cela, que je connais le pouvoir qui en émane et mesure leurs limites.
Je crois en l'indicible, l'innommable.
Je crois à ce qui est écrit entre les lignes, entre les mots.
Je crois en l'inexprimable, en l'au-delà des mots.

J'aime les mots, ces univers qu'ils créent, mais sont-ils à même de dire l'essentiel, de traduire l'élan, de refléter le désir?
Je les veux source de vie, fontaine d'espérance.
Ma pensée file entre les mots qui veulent habiller le silence.
Faut-il souhaiter que le silence demeure nu ?
Peut-être en effet, n'a-t-il que faire de ces vêtements mal ajustés que sont pour lui, les mots.

Le rêveur est ailleurs
dans un lointain
ni bonheur ni malheur
le cœur au creux de la main

Le rêveur sans horizon
sans chemin
vaque à sa moisson
d'infimes riens

Le rêveur est présence, absence
Tout lui est semence
glanée, donnée.
Il est vacuité, il est gratuité.

Je t'aime pour rien
Pour nul bien
Tendresse gaspillée
Valeur ajoutée

Je t'aime comme un plus
A ma vie
Cadeau gratuit
Espérance confuse

Je t'aime pour un ailleurs
Un autre temps
Souhaités meilleurs
Monde en attente

Je t'aime pour toi
Pour que tu sois

Amour pour rien ?

Il est des regards
qui se croisent
puis un jour s'évitent
quand l'amour a passé.

Restent le vide
l'espérance morte
absence à l'autre.
L'amour s'est tu.

Demeurent le souvenir
la nostalgie d'un instant
blessure, brisure.
L'amour n'a pas vécu.

Comme un soupir
Pour ne pas mourir
Rien qu'un sourire
Amour

Comme une larme
Je pose les armes
Vol d'âme
Amour

Comme un regret
Car cela est
Même s'il se tait
Amour

Comme une chance
Présente absence
Fer de lance
Amour.

L'écriture comme une ancre jetée dans la vie, pour éviter, empêcher la dérive.

L'écriture comme des amarres à ne pas larguer pour immobiliser, attacher le bateau à quai.

L'écriture comme un sextant pour mesurer, déterminer ma latitude.

L'écriture comme une boussole afin de maintenir le cap.

L'écriture comme une voile baissée afin de ne pas donner prise au vent.

L'écriture comme une barque gisant sur le sable à distance des flots, refusant de prendre le large.

Soleil dans la tête
Soleil dans le cœur
Eclaboussée
Inondée

Soleil lumière
Soleil force
Eclairée
Emportée

Soleil chaleur
Soleil tendresse
Agréée
Fécondée.

Une histoire entre toi et moi
Où n'entre pas de toi
Toi absent à mon désir
Une histoire qui se doit finir

Une histoire sans toi
Toute emplie de moi
Ecrite de mots creux
Vanité de tout vœu

Une histoire en moi
Vécue pour toi
Pas de toujours
Pourtant une histoire d'amour.

J'ai rêvé d'un amour
D'exception
De déraison
Un amour complet fou total
Mais l'amour
Peut-il être autrement

J'ai rêvé d'un amour
De transparence
De présence
Un amour
Fort chaud sentimental
Mais l'amour
Peut-il être autrement

J'ai rêvé d'un amour
De bonheur
De douceur
Un amour
Tendre simple banal
Mais l'amour
Peut-il être autrement

J'ai rêvé d'un amour
D'harmonie
Une douce folie
Un amour
Gai ouvert égal
Mais l'amour
Peut-il être autrement.

Emportée par un rêve
Comme le vent qui se lève
Je m'éveille
A une autre vie

Un rêve qui galope
Et au loin m'emporte
Vers le soleil
Plus de nuit

Portée par ce rêve
Je suis flux de la mer
Vague sur la grève
Souffle de l'air

C'est un rêve voyage
Un aller sans retour
Je n'ai comme bagage
Que l'amour.

Tu seras
Celui qui n'a pas été
Douce fulgurance
D'un sentiment brisé

Tu resteras
L'impossible présent
Folle espérance
D'un sixième continent

Tu sauras
Les mots voilés
Seule présence
D'un ailleurs rêvé

Tu garderas
Ce que je n'ai pas donné
Subtile fragrance
D'un monde caché.

Forces vives opposées
Énergie gaspillée
    Écartelée
    Accablée
Je bats de l'aile

Bâtie sur du sable
Pâte malléable
    Interrogée
    Aveuglée
Souvent je vacille

Prisonnière de mon rêve
Bulle qui parfois crève
    Hébétée
    Effrayée
Je tombe.

Tristesse
Voile baissée
Ride posée

Tristesse
Fenêtre fermée
Lèvres serrées

Tristesse
Rideaux tirés
Yeux lavés

Tristesse
Porte murée
Main crispée

Amour défiguré
      mutilé
      suicidé

Herbe coupée
Branche cassée
Arbre déraciné

Amour brisé
      blessé
      tué

Mer asséchée
Horizon fermé
Ciel verrouillé.

Interligne 3

Avec des mots, certains refont le monde.

D'autres créent un univers imaginaire, onirique : rêve,
fantaisie, fiction, fantasmagorie.

Avec mes mots, je limite ma sphère, bâtis des frontières,
érige des murs.
Murs d'une demeure, d'un endroit où demeurer.
Mon monde dans le monde.

Celui-ci m'a toujours paru trop grand, trop vaste, comme un
vêtement trop ample, mal ajusté, dans lequel on se sent perdu.

Une manière de contenir ce monde débordant, fuyant,
envahissant, est de le faire entrer en soi.

L'écriture le restitue alors dans une autre dimension, à la
convenance, à la mesure de l'auteur.

Tendresse gaspillée
Jetée aux quatre vents
Diffuse dans l'air ambiant

Tendresse qui pleure
Proposée, offerte
Invite à la fête

Tendresse source vive
Eau libre, limpide
Au creux de ma main.

Automne
Les feuilles tombent
Larmes silencieuses
L'arbre pleure
Coulent
Une à une
Ses feuilles chagrin

Je voudrais un cœur net, poli, lisse
Un cœur sans pli
        sans plaie ni bosse
        sans écharde

Je voudrais un esprit simple et clair
Un esprit sans méandre
        sans recoin
        sans ravin

Je voudrais un regard neuf
Un regard sans voile
        sans détour
        sans pleurs.

Il n'y a de rencontre que rêvée
L'autre reste attendu
Il est toujours à venir
Car impossible à saisir

Il n'y a d'étreinte que rêvée
Accès à l'autre empêché
Mains et lèvres ouvertes
Dans une tentative vaine
De captation, de fusion
Des corps et des âmes

Il n'y a d'amour que rêvé
Amour à la charge des mots
Mots épées, mots lames
Coupant le fil de la réalité.

Je te laisse sur le rivage de ma mémoire
à l'orée de mon cœur
au bord de moi

Je te laisse comme la vague l'écume
comme le champagne la mousse
aux confins de moi

Je te laisse telle une larme aux coins des yeux
tel un soupir écrasé sur des lèvres
à la limite de moi

Je te laisse comme un bateau son sillage
comme une vie son passé
à la frontière de moi.

Il y a des jours
Où rien ne s'écrit
La pensée erre
Parfois se terre
Afin d'éviter le heurt
Avec la réalité

Il y a des jours
Où le soleil éblouit
La pensée dévie
Tend à s'évanouir
Dans le ciel et la mer
Esquive ce qui est

Il y a des jours
Où rien ne se dit
La pensée se tait
Informe, sans couleur
Sable qui s'égrène
Ainsi coule la vérité.

Ce soir, je te refuse
je me ferme à toi
je suis seule
avec moi-même.

C'est la trêve
la grève de l'amour
je suis seule
coupée de toi.

Ce soir, je ne te veux pas
je te ferme mon cœur
je suis seule
en congé de toi.

Je crains parfois
que les mots ne s'effacent
et perdent la trace de toi.

Je crains parfois
la page blanche
fuite des mots-cages
vides de toi.

Je crains parfois
que les mots ne s'inscrivent plus
que le poème ne s'arrête là.

Comme un chien fou
sortant de l'eau
je m'ébroue de toi.

Mon amour éclate alors
en mille gouttes étincelantes
étoilant la réalité.

D'où viennent ces mots
que je lance vers toi
de quel abîme
vers quel infini ?

Que sont ces mots
à toi offerts ?

Traits d'union
entre nous deux.

Pourquoi ces mots
créés pour toi ?

Mots valises
Bagage de mon amour.

Je ne sais comment
j'ai pris le chemin de toi
voie secrète étroite
tracée devant moi

Je ne sais comment
j'ai la clé de toi
sans forcer
elle t'ouvre à moi

Je ne sais comment
j'ai eu l'audace de toi
de combler
le vide entre toi et moi.

Laisse s'écrire le poème
laisse couler les mots
qui autour de nous s'enroulent

Douce étreinte de ces lignes
qui nous unit
dans une parole tendre

Laisse s'écrire le poème
qui crée pour nous deux
une histoire d'amour.

Tu n'es présent que dans les mots
par lesquels je te cerne, je te crée.
Tu es avec moi
à travers ces lignes
dans lesquelles je te possède

Notre lit est de papier.
Ces pages sont nos draps
dans lesquels s'imprime
notre étreinte.
La trace de notre amour.

Je te possède.
Tu habites
la chapelle de mots
que par ferveur
je bâtis pour toi.

Je te possède du regard
que je pose là où je t'imagine.
Tu es la flamme du cierge
qui brûle dans l'église
et que je regarde s'élever.

Je voudrais te posséder davantage
que tu sois mélodie
naissant sous mes doigts
et que jailli des orgues et de moi
tu remplisses de notre musique
une cathédrale.

Et si tu n'étais rien
Si tu n'étais pas ce bien
Que je veux voir
Auquel je veux croire

Et si tu n'étais qu'apparence
Semblant trompeur
Brillant sans valeur
Faux éclat de la chance

Et si tu n'étais rien
Qu'illusion, chimère
J'écrirai ce poème à l'envers
Dans l'attente de demain.

Je t'imagine créé
de mon souffle
dans la coquille
de mes deux mains réunies.

Je t'imagine modelé
sous mes doigts,
argile tendre
que je me plais à toucher.

Je t'imagine animé
de mon esprit,
émané, insufflé
vivant mes pensées.

J'ai besoin d'un rêve
de flirter avec l'improbable
de caresser l'impossible
d'embrasser l'inconnu.

J'ai besoin d'un rêve
de vivre le non-vécu
de dire le non-dit
de sentir le non-senti.

J'ai besoin d'un rêve
de fuir l'insupportable
de remplir le ciel vide
de ma volonté, de ma vérité.

Interligne 4

Les figures de style ou procédés de rhétorique sont, est-il enseigné, des procédés qui donnent au langage davantage d'expressivité et de richesse. Elles multiplient, nous dit-on encore, les significations, les effets et les interprétations possibles. L'emploi inhabituel des mots crée chez le lecteur une surprise, une émotion, un sourire...

Métaphores, oxymores, personnifications, répétitions entre autres, peuvent certes être utilisées dans l'écriture, elles doivent aussi se vivre. Une vie est faite d'analogies, d'oppositions, d'insistances.

Certains jours, en effet, une vague nous murmure quelque confidence à l'oreille, à d'autres moments, on trouve le soleil noir.

Propos de poète, de doux rêveur ? Peut-être. Qu'il lui soit permis d'inviter à la poésie, à la transfiguration du réel, afin de sublimer, de magnifier la vie.

Il n'y a de vrai que l'attente
de l'amalgame, de la fusion
de deux âmes.

Il n'y a de vrai que la rencontre
prélude à la symphonie
qui sera jouée.

Il n'y a de vrai que l'étreinte
à bras-le-corps.
L'empoignade.

J'ai largué les amarres
et vogue à la dérive
sur l'océan du rêve.

Mon amour est un radeau
un radeau à une place
poussé par le vent de la déraison.

Il me faudra regagner
le port de la réalité.
Je ne suis pas pressée.

Je t'écris des mots sages, tranquilles
Des mots guimauve
Et pourtant
Je porte en moi des mots acérés, acidulés
Vifs et tranchants
Prêts à lacérer, à blesser

Je t'écris des mots caresses, de douceur
Des mots tendresse
Et pourtant
Crient en moi des mots passion
Morsures et griffures
Qui nous laisseraient pantelants, sanglants.

Amour de papier
Qu'on froisse et qu'on jette
Notre amour n'est-il que cela
Au lieu de se poser sur toi
Mes mains s'emparent d'un crayon
Et mes caresses deviennent des mots

Amour de papier
Que les ans jauniront
Et couvriront de poussière
Lettres mortes sur une étagère
Oubliées au fond d'un tiroir
Est-ce le destin de notre amour

Amour de papier
Consumé dans une cheminée
Pour attiser un feu de bois mort
De mes mains allumé
Amour en cendres
Offertes au vent.

Il pleut
Le café est amer
Vite un chandail, j'ai froid
Froid de toi surtout
Mais chut
Ni soupir, ni plainte
Je ferme les yeux
Rien qu'une seconde
Amour sans décor
Un livre ouvert
Texte d'une autre vie
J'abandonne la mienne
Un instant seulement
Un mot m'y ramène
Toujours
J'échappe aux autres
Mais jamais à moi-même.

Les mots pleurent
Quand refusés refoulés
Par des lèvres serrées
Ils surgissent par les yeux
En larmes douces amères
Larmes mots furtifs
Larmes mots confidences
Qui tracent sur le visage
Un chemin vers l'autre
Un sillon donnant récolte
    Moisson d'amour

Les mots pleurent
Quand trahis bafoués
Par un cœur menteur
Ils fuient par les yeux
En larmes de colère
Larmes mots vérité
Larmes mots émotion
Qui creusent sur le visage
Une marque d'aveu
Une ride de solitude
    Suicide de l'amour

Aujourd'hui
les mots sont vides
la cage que d'habitude ils forgent ouverte.

Les mots sont creux
ils ne résonnent plus
ils ne sont plus les notes qui chantent
sur la portée de l'amour.

Les mots sont absents.
De leur envol ils ont atteint l'horizon
et disparu au delà-de mon soleil couché.

La nuit est d'encre
Parsemée d'étoiles étincelantes
Et recouvre la terre
Comme un voile
Image d'Épinal
Carte postale
Dans ce paysage
Bercée par les vagues
Caressée par le vent
Une âme rêve
Et imagine
Idéale une présence
Pivot support
Centre de son monde
Axe indispensable
De son univers.

Je t'ai aimé avec des mots
Aujourd'hui ils m'abandonnent
Ils fuient pour un ailleurs
Un autre peut-être

Que me reste- t-il pour t'aimer
Le silence le non-dit
Les mots que je te destine
Je les offre au papier

La tendresse toujours présente
Se réfugie dans un vague sourire
Et dans le regard
Que je pose encore sur toi

Un jour comme les mots
Il fuira
Il aura tout dit
Alors tes bras s'ouvriront-ils enfin ?

J'ai l'âme pastel
En demi-teinte
La mer étale
Reflète douce
Mon vague à l'âme
Le soleil
Présent froid
Entre les nuages
Étincelant
Illumine
Railleur amical
La mer
Et le vague en moi.

Le bruit de la mer
Vient à moi
Par-delà les toits
Qui d'elle me séparent
Dans le silence de la nuit
Bruit lancinant
Gémissement
De douleur, de plaisir
Dans le déroulement
Continu des vagues
Eau qui s'enroule
S'ébat, s'interpénètre
Mouvement rythmé
D'amoureux ébats
Mer de plaisir
Océan d'amour.

Il n'y a pas de poème inutile
Ni d'amour futile
Tous deux
Invitent à la tendresse
A la douceur du sentiment
Poème et amour sont regards
Tournés vers l'autre
Création d'un monde
Refuge du beau et du vrai

Il n'y a pas de poème futile
Ni d'amour inutile
Tous deux
Donnent force et existence
Poème et amour sont rencontres
De l'autre
Étreinte de sa réalité
Partage de son espoir.

Je sens l'été complice,
Le ciel bleu s'étend sans nuage, à l'infini, dimension de mon rêve.

Dans l'air, règne une insouciance qui tient à distance la tristesse.

Dans les jardins, les fleurs colorées embaument l'air de ma
tendresse.

Les plages jouissent comme mon âme, des caresses de douces
vagues.

Je sens l'été complice,
Comme lui, mon amour est ensoleillé.

Femme
par toutes les cellules de mon esprit
par tous les pores de ma peau

Femme
par toutes les fibres de mon être

Femme
à chaque recoin de mon cœur
jusqu'au plus profond de moi

Femme
à travers toi.

Je veux t'aimer en dépit du bon sens
Faire la nique à la souffrance
Je veux t'aimer longtemps
A petits pas à tâtons
Pour ne pas heurter brutalement
L'impitoyable réalité
Je ne veux pas briser le rêve

Je veux t'aimer à contresens
T'aimer dans l'absence
Je veux t'aimer patiemment
Chaque minute chaque seconde
D'un temps qui n'existe pas
Pour nous pas de durée
Je veux éterniser le rêve.

ne sais d'où viennent ces mots
ʼici je dépose
une volonté d'être autre
fférente
voir des mots
risoire illusoire
poème fini
ne retrouve face à moi-même
es faux miroir
s créateurs d'un monde d'harmonie
t je ne trouve pas l'entrée
tour duquel je tourne
une valse de mots
thme de ma musique

Une fois encore
Je me sers des mots
Mots utiles, mots précieux
Mots refuge, mots abri
Mots pare-désespoir

Une fois encore
Je cherche les mots
Et m'en saisis
Pour creuser ma tranchée
Pour dresser une barricade

Une fois encore
Je me livre aux mots
Mots celés, mots enfouis
Mots soumis, mots amis
Mots pare-solitude.

Demain je pars
L'avion l'Afrique
Autre pays
Autre continent

Je vais à la découverte
D'un lieu de moi inconnu
Étonner tous mes sens
Me perdre pour me retrouver

Et pourtant tu es le voyage
Dont je rêve jour et nuit
A la portée des mains des yeux
Sixième continent

Tu es le pays
Que je voudrais explorer
Me chauffer à ton soleil
Découvrir tes paysages cachés

Mais pas de billet pour cet aller simple
Nul bureau de départ
Pour cette destination : toi.

J'aligne des mots
Barrière, rempart
A ma souffrance
Ainsi contenue

Je noircis des pages
Cage de ma douleur
De mon rêve inutile
Ainsi emprisonné

Mais c'est entre les lignes
Qu'il faut me lire
Là où se trouve le non-dit
L'espace du possible.

On croit l'amour absent
A certain moment
On le reçoit comme une évidence
Eblouissement.

Au détour d'un mot
              d'un regard
Je sais que je te retrouverai
Et heurt il y aura
Bonheur ou malheur.

Je me tiens à distance
De tout, de rien
Eloignée, séparée
De ce qui blesse
Paroles et regards

Je me protège
Des autres, de moi
Esseulée, emmurée
A l'abri des sentiments
Haine ou amour

Je m'éloigne
De la terre, du ciel
Et de son soleil éclaté
Chaque jour davantage
M'attire l'impossible.

Force est de me taire
Me terrer
Et ne rien attendre
Me prendre la tête entre les mains
Serrer lèvres et poings
Vider mon regard
Et fixer l'invisible

Force du désespoir
Quand l'espoir n'est pas permis
Vivre sans but
Attrait du vide
Ne pas pleurer, ne pas crier
Rire de l'impossible
Sourire de soi

Masque plaqué sur le visage
Couper tous les virages
Prendre la vie comme une ligne droite
Chemin le plus court vers la mort
Mort, seule certitude
Savoir, plénitude
Force fascinante, attirante.

Il n'y a d'écoute
Que celle du papier

Il n'y a de caresse
Que celle du vent

Il n'y a de chaleur
Que celle du soleil

Il n'y a d'amour que rêvé.

Il y a un hiver de l'âme
Quand celle-ci, nue,
Effeuillée, frissonne
Sous le froid
Venu de l'homme.

Il y a des mots qui nous échappent
s'envolent en bulles légères
mêlent à l'azur leurs teintes irisées
et se perdent dans l'infini.

Mais il est des mots lourds, pesants
qui collent à nos semelles
et barrent notre chemin

Il est aussi des mots clés
qui ouvrent le cœur de l'autre
et rencontrent une âme.
Plénitude.

Ces pages sont les contours tracés d'une vie, sentie, éprouvée dans toute sa complexité et plénitude.

Il y eut, il y a, il y aura des moments de cette grâce si attendue, si espérée.

Instants privilégiés pendant lesquels la vie règne, forte, joyeuse.

Après un long temps d'une vie morne, empêchée, immobile, je navigue enfin, tous sens déployés, sur un océan éclairé de mots-phares, de mots-étoiles.

Poèmes rassemblés à l'Ile Tudy, printemps 2010.